博 物 之 旅

知书达礼的艺术

礼仪

芦 军 编著

安徽美术出版社

全国百佳图书出版单位

图书在版编目（CIP）数据

知书达礼的艺术：礼仪 / 芦军编著. —合肥：
安徽美术出版社，2016.3（2019.3重印）
（博物之旅）
ISBN 978-7-5398-6690-1

Ⅰ.①知…　Ⅱ.①芦…　Ⅲ.①礼仪—少儿读物　Ⅳ.①K891.26-49

中国版本图书馆CIP数据核字（2016）第047111号

出 版 人：唐元明　　　　责任编辑：史春霖　张婷婷
助理编辑：刘　欢　　　　责任校对：方　芳　刘　欢
责任印制：缪振光　　　　版式设计：北京鑫骏图文设计有限公司

博物之旅

知书达礼的艺术：礼仪

Zhishu-Dali de Yishu Liyi

出版发行：安徽美术出版社（http://www.ahmscbs.com/）
地　　址：合肥市政务文化新区翡翠路1118号出版传媒广场14层
邮　　编：230071
经　　销：全国新华书店
营 销 部：0551-63533604（省内）0551-63533607（省外）
印　　刷：北京一鑫印务有限责任公司
开　　本：880mm×1230mm　1/16
印　　张：6
版　　次：2016年3月第1版　2019年3月第2次印刷
书　　号：ISBN 978-7-5398-6690-1
定　　价：21.00元

目录

怎样对待荣誉 ………………………………………………………… 1

怎样自我激励 ………………………………………………………… 3

怎样摆脱完美主义情结 …………………………………………… 5

怎样减轻当班干部所带来的压力 ……………………………… 8

怎样给自己减压 …………………………………………………… 11

如何培养优雅站姿 ………………………………………………… 13

如何培养庄重的坐姿 ……………………………………………… 15

如何培养正确的走姿 ……………………………………………… 17

如何运用真挚的笑容 ……………………………………………… 19

博 物 之 旅

如何正确使用手势 ·· 22

如何鞠躬 ·· 25

在体育场上应该如何做 ···································· 27

参加开学典礼时应该如何做 ···························· 29

参加毕业典礼时应该如何做 ···························· 31

在行路上应该如何做 ······································ 33

在商店购物应该如何做 ···································· 36

在图书馆里应该如何做 ···································· 38

在影剧院应该如何做 ······································ 40

在餐厅应该如何做 ·· 42

怎样开发智力 ·· 44

怎样提高观察力 ··· 46

怎样提高记忆力 ··· 48

怎样提高想象力 …………………………… 50

怎样开发创造力 …………………………… 52

怎样提高注意力 …………………………… 54

怎样在饮食方面提高智力 ………………… 56

怎样让大脑休息 …………………………… 58

取得好成绩之后怎么办 …………………… 60

哭和笑有利健康吗 ………………………… 62

怎样赞赏别人 ……………………………… 64

怎样才能磨砺意志 ………………………… 66

怎样培养毅力 ……………………………… 69

怎样培养节俭的习惯 ……………………… 74

怎样改掉懒散的毛病 ……………………… 79

怎样学会自立 ……………………………… 81

 怎样培养责任心 83

怎样防治神经衰弱 85

怎样科学上网 87

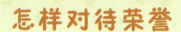

怎样对待荣誉

　　荣誉是别人对你成就的一种肯定，不管你取得的成就有多高，如果没有人认同你，也就不可能有荣誉可言。那我们应该怎样对待荣誉呢？是整天把它挂在嘴边，还是把荣誉放在脑后，重新开始新的工作，去争取新的荣誉？现在我们来看看居里夫人是怎么看待荣誉的。

　　居里夫人在发现镭之后，被授予英国皇家学会设立的最高荣誉——金质奖章。有一天，她的一个朋友来看她，发现她的女儿正拿着那枚金质奖章在玩，居里夫人的朋友很吃惊，忙问："你

怎么可以让孩子玩这个呢？"她笑着答道："这有什么，我只是想让女儿从小就知道，奖章只不过是一个玩具，没什么了不起的，绝不能守着看，否则将一事无成。"她讲得多好呀！这正说明了居里夫人重视实际而不在乎荣誉，所以她才可能在科研工作中为人类作出巨大的贡献。

是呀，如果一个人过分重视荣誉，或者陶醉在过去的荣誉里，那他就不会有新的进步，就不会去努力探究新的科学知识，而只停留在以前所获得的荣誉上。同学们，你说我们应该怎样对待荣誉呢？

怎样自我激励

生活中有很多经历会给我们带来这样那样的感受，无论是挫折还是压力，坚强地跨过它，从中思考并得到成长，这些经验就会帮助我们走好以后的风雨人生路。

人的一生难免会受到压力，遇到伤害，其实这并不是什么坏事。受了小伤害之后，可以从中得到教训，将来能够避免大的灾祸。当遇到挫折时，我们应该怎样进行自我激励，怎样战胜困难呢？

1.调高目标。许多人

惊奇地发现，他们之所以达不到自己努力的目标，主要是因为他们的目标太低，而且太模糊不清，让自己失去了动力。

2.立足现在。锻炼自己即刻行动的能力，做什么事情都不要拖拖拉拉。

3.把握好情绪。通常令你开心的事不在别处，就在你自己身上，因而聪明的人总能找出自身的情绪高涨期，不断激励自己。

4.敢于犯错。有时候我们不做一件事，是因为我们没有信心做好。敢于尝试，敢于犯错，将让我们有巨大的动力战胜面前的困难。

怎样摆脱完美主义情结

　　有的同学过于严格要求自己，还变着法地和自己较劲，容不得自己有任何的过失和错误，甚至还因为别人的细微过错、失误而耿耿于怀，不能宽恕自己也不能宽恕别人。这种性格在

心理学上被称为"完美主义"。

完美主义者很少能客观准确地评价自己，也很少能够接受客观现实，他们多在自责中逃避现实。这种性格如果长时间得不到改变的话，就会使他们时刻生活在压力中，各种各样的心理问题也会随之而来，从而影响个人的健康成长。

其实任何东西都不是完美无缺的，有阳光就有乌云。如果自己或朋友与完美主义结缘，我们可以这样做。

1. 全家共学，改变家庭环境。有些同学的完美主义情结完全是因父母的影响所致，这就需要父母与子女共同学习，共同成长，让完美主义者在融洽、高效的亲子沟通和双向交流中培养自己的主见，发表自己的看法，客观地评价每位家庭成员，让每个人都重新认识自己。

2. 正确评价自己。如果发现自己有了完美主义倾向，千万不要着急，也不要给自己施加压力。你需要重新建立正确的自我评价标准，要试着努力建立一种宽容、客观、合理、注重自我肯定和自我鼓励的新标准。

3. 学会自我调节。在青春期，每个人都对未来充满了信心，充满了憧憬。但努力不一定会有收获，在希望落空时，我们需要的是良好的自我调控、自我平衡能力，让自己在挫折中尽快站起来，向未来发起新的挑战。

怎样减轻当班干部所带来的压力

　　当上班干部，总被同学们的眼睛盯着，在有了一种成就感的同时，也增添了许多压力和烦恼。很多班干部虽然为班集

体尽了力，却得不到别人的认同。那么，我们究竟该如何面对这样的局面，该怎样减轻当班干部所带来的压力呢？

首先，要全面看待约束和压力对自己的影响。自由固然令人向往，但对于一个人的成长与发展而言，外在的约束往往是非常必要而又不可多得的。从某种意义上说，今日的压力对青少年未来的人生是一笔财富。

其次，注意维持交往需要和独处需要的平衡。如果人们的交往沟通太少，没有足够的人际关系，就会产生烦恼。而当人们交往过多时，又会因为人际关系过于复杂而感到不安。

任何人无论关系多么亲密，都会对自己构成一种评价压力，对自己的行为有所限制。实际上，在任何交往中，我们都不可能完全按照自己的真实感受和真实期望去做。在社交情境中，我们必须将注意力或多或少地投向别人，留心别人的状态和反应，而不能在高兴时得意忘形，在悲伤时悔恨不已。

在被误解和嫉妒时，我们很在意外界对我们的评价。学会用冷静的头脑，把别人的评价只当作一个参考。还要相信有

付出就有回报，班干部学习基础好、能力强，为同学做些事，既体现了自己的价值，又可以进一步锻炼自己的能力，不要光看到付出，而应在付出的同时，看到我们收获了多少。

怎样给自己减压

压力是一种对周围事物的反应。我们在学校和社会所面临的压力，就是我们成长过程中面对身体、情绪以及思想变化与挑战而产生的种种压力。压力过大会影响健康、睡眠以及人际关系。假如你也有这样的烦恼和困扰，一定要在适当的时候给自己减压。

1. 锻炼身体。锻炼身体可以提神和放松。

2. 合理饮食。健康的饮食可以让青少年的身体更好地应对压力。

3. 睡眠充足。人在疲倦的时候很难应付压力。

4. 付之一笑。笑可以在很大程度上减轻压力。

5. 原谅自己。当你把事情搞糟时，首先要看看是否对自己过于苛刻了，要告诉自己犯错误也是学习过程的一部分，至少知道了下次应该怎么做。

6. 做回自己。努力去做自己做不到的事情，会产生不必要的压力。

7. 知足常乐。与其想得到一切，不如想想自己已经拥有的。

如何培养优雅站姿

我们的生活交往中离不开站立，培养优雅的站姿有助于提高我们的魅力。正确健美的站姿给人留下挺拔笔直、舒展俊美、庄重大方、精力充沛、信心十足的印象。

正确的站姿是：

1. 头放正，双目平视，嘴唇微闭，下颌微收，面容平和自然。

2. 双肩放松，稍向下沉。

3. 躯干挺直，挺胸、收腹、立腰。

4. 双臂自然下垂于身体两侧，中指贴于裤缝。

5. 双腿立直、并拢，脚跟相靠，两脚形成60°。

在非正式场合，如果累了可以适当调整一

下姿态。可以将一条腿向前跨半步或向后撤半步，身体重心轮流放在两条腿上，这样既可以防止疲劳，又不失风度。但不可以东倒西歪。

如何培养庄重的坐姿

"坐如钟"，就是要求我们坐姿一定要端正。正确的坐姿给人留下一种稳重的印象。

一般情况下，入座时要轻而稳。先走到座位前，转身后，轻轻坐下。不论是坐在椅子或沙发上，都是只坐一半。时间长了可以靠在椅子或沙发上，但不可双脚一伸，半躺或半坐。

男孩可以跷"二郎腿"，但不可以跷得太高，不可以抖动。女孩入座后，可以采用小腿交叉的姿势，但不可向前伸直，更不能分得太开。若穿裙装，应先用手将长裙拢一下，以免坐下后再起身拢裙子。

入座后，上身应端正挺直，头要平正，面带笑容，双目平视，嘴唇微闭，微收下

颌，双肩平正放松，两臂自然弯曲，手放在膝上，或者放在椅子或沙发扶手上，掌心向下，双膝自然并拢，也可稍稍分开。双腿正放或侧放，双脚自然着地，也可并拢或交叉。与人谈话时，坐姿可以改为侧姿，此时，上身与腿同时转向一侧，但要双膝靠拢，脚跟靠紧。

不论何种坐姿，都不要将两个膝盖分开，两脚呈外八字，也不能将两脚尖朝内，呈内八字。

两腿交叉时，悬空的脚尖应朝下，切忌脚尖朝上。

如何培养正确的走姿

在生活中，人们走路的样子千姿百态，有的步伐稳健、自然、大方，给人以沉着、斯文的感觉；有的步伐矫健、轻松、敏捷，让人联想到健康、活力，富有朝气；有的步伐铿锵有力；有的步伐如风一样轻盈。健美的走姿可以表现出一个人蓬勃向上的精神状态，给人留下美好的印象。那么什么样的走姿才会给人留下深刻的印象呢？也就是说怎样培养正确的走姿呢？

1. 双目向前平视，微收下颌，面带微笑。

2. 双肩平正，双臂前后自然摆动，摆幅以 30°～35° 为宜，双肩不要过于僵硬。

3. 上身挺直，头正、挺胸、收腹、立腰，重心稍向前倾。

4. 注意两只脚的内侧落地时理想的行走路线是一条直线。

5. 行走时，前脚的脚跟与后脚的脚尖相距约为一脚长，但因性别不同或身高不同会有一定的差异。另外，步幅与服饰也有关系，如女士穿裙装时步幅应小些，穿长裤时步幅可大些。跨出的步子应是全脚掌着地，膝和脚腕不可过于僵直。

6. 停步、拐弯、上下楼梯时，应从容不迫，控制自如。

如何运用真挚的笑容

在人际交往中，微笑起着不可低估的作用。微笑是社交场合中最富有吸引力、最有价值的面部表情，它表现着人际关系中友善、诚信、谦恭、和蔼、融洽等最为美好的感情因素。

与人初次见面时，给人一个亲切的微笑，在一瞬间就拉近了双方的心理距离，消除了双方的拘束感；与朋友见面时打个招呼，点头微笑，显得和谐、融洽；老师对学生报以微笑可以使学生

消除紧张情绪，同时，敬畏感也会被信任感和亲切感代替；上级给下级一个微笑，会让人感到平易近人；服务员面带微笑，就会使顾客有"宾至如归"之感，反之，顾客向服务员报以微笑，显示出对对方的尊重与理解，能消解对方的烦躁与疲劳；外交家与企业家更是把微笑视为第一交际语言，并在国际交往及经济交往中频繁地运用。周恩来总理闻名中外的"微笑外交"便是一个很好的例证。

但需注意的是，微笑一定要自然坦诚、发自内心，切不可故作笑颜，假意奉承。在正式场合不可放声大笑，倘若别人身上有什么可笑的地方更不能笑，否则就是失礼。大笑起来不能前仰后合，抚肚捶胸。

俗话说"伸手不打笑脸人"，一张带着微笑的脸总是受人喜爱的。人们喜欢《蒙娜丽莎》也正是因为喜欢她那"永恒的微笑"。一个善于通过笑容表达美好情感的人，可以让自己更富有魅力，也会给他人带去更多的美感。交际形象会因落落大方、面带微笑而显得更动人、更有风度。而诸如愁容满面、双眉紧锁、怒目而视、怒发冲冠等表情则既让朋友不敢接近，又伤身体。

如何正确使用手势

在人际交往中，手势是不可缺少的姿势，也是最有表现力的一种"肢体语言"。手势美是一种动态美，如果能恰当地运用手势来表情达意，会为交际形象增辉。但使用手势应注意下面几个问题：

1. 手势的使用不宜过于单调，也不能做得过多。与人交谈时，随便乱做手势，则会影响别人对你说话内容的理解。

2. 在打招呼、致意、告别、欢呼、鼓掌时，应注意动作力度的大小、速度的快慢、时间的长短。观看体育比赛、文艺演出或欢迎时的鼓掌，应该由右手手掌轻拍左手掌心，不可太用力，也不能不鼓掌。更不应该用鼓掌表示不满，即喝倒彩。

3. 在任何情况下，不要用拇指指着自己的鼻尖和用手指点他人。谈到自己时应用手掌轻拍自己的左胸，那样会显得端庄、大方、可信。用手指点他人的手势是不礼貌的。

4. 介绍某人，为某人指示方向，请人做某事时，应该把手臂伸直，手指自然并拢，掌心向上，以肘关节为轴，上身稍向前倾，以示敬重，这种手势被认为是诚恳、恭敬、有礼貌的表现。

5. 有些手势在使用时还应注意各国的不同习惯，不可以乱用。

比如，中国和一些国家认为竖起大拇指时表示称赞夸奖，但澳大利亚人则认为竖起大拇指，尤其是横向伸出大拇指，是一种污辱。

在中国和日本，招呼别人过来时，是伸出手，手掌向下挥动，但在美国，这种手势则是唤狗的。

大家熟悉的"V"字形手势，表示胜利，丘吉尔最初使用时是掌心向外，若是你不慎将手背向外了，那在

英国人的眼中是伤风败俗的。

　　阿拉伯人将两只小拇指拉在一起表示断交，吉卜赛人掸去肩上的尘土表示让你快滚开。

如何鞠躬

鞠躬是表示对他人敬重的一种郑重的礼节。在中国，鞠躬常用于下级向上级、学生向老师、晚辈向长辈表达由衷的敬意，也常用于服务人员向宾客致意，有时还用于向他人表达深深的感激之情。那如何鞠躬呢？

首先应该立正站好，保持身体端正，同时双手在休前搭好，右手搭在左手上，面带微笑。鞠躬时，以腰部为轴，整个腰肩部向前倾斜15°～30°，目光应该向下。同时问候"你好""早上好""欢迎光临"等。

若是迎面碰上对方要向对方鞠躬时，则在鞠躬后，向右边跨出一步，给

对方让路。

鞠躬时需注意以下几方面。

1. 鞠躬时必须脱下帽子，戴帽子鞠躬是不礼貌的，也会使帽子掉下来。

2. 鞠躬时，嘴里不可吃东西或叼着香烟。

3. 鞠躬礼毕直起身时，双眼应该有礼貌地注视对方，如果视线移到别处，即使行了鞠躬礼，也会让人感到你不是诚心诚意的。

在体育场上应该如何做

在体育比赛时，经常看到这样的字眼："友谊第一，比赛第二"。每一个能够正确对待体育活动的人，都要高高兴兴地参加体育活动。在参加比赛时，有的人也会懊恼或者洋洋自

得，但这都只是一霎的事情，很快他脸上又会浮现出愉快但不骄傲的微笑，因为一个爱好体育运动的人没有任何理由不时常露出笑容。

参加体育比赛不要过分计较得失，虽然在比赛中丢掉一些有争议的分数很可惜，但没有什么比你的风度更重要。因此，绝对不要和裁判争辩，争强好胜的劲头应该表现在比赛中，而不是无谓的争论上。

在体育活动中要坦然面对输赢。对于一个具有运动精神的人来说，过程是他所关注的，而输赢是无所谓的，他不会因为赢了，就立刻把自己想象成苍穹上的一颗明星，因为他深知，一个自满的胜利者甚至比差劲的失败者还要令人厌恶。当输了时，他也会坦然接受现实，不会紧绷着脸，埋怨同伴，或喋喋不休地解释。当然对于胜利，他也没有必要假谦虚，适度的喜悦反而会使人觉得他更有人情味儿。

参加开学典礼时应该如何做

开学典礼是学校为庆贺新生入校而举行的隆重的庆典仪式。举行开学典礼，是对新生进行入学教育的第一课，它不仅可以使新生了解学校的历史和现状，而且可以使新生明了学校的培养目标和管理制度，了解学校生活的特点，为尽快适应学校的学习和生活做好思想准备。

开学典礼是新生入学后参加的第一项集体活动，因此，不要无故缺席，不要迟到，应跟随班集体提

前到达会场，到指定位置就座。在主持人宣布开学典礼开始或介绍学校各级领导和来宾时，在领导及教师、学生代表发言时，都应当适时地报以热烈的掌声。奏国歌时，要听从主持人的指挥，原地起立，呈立正姿势。在开学典礼的整个过程中，要注意认真听，不要交头接耳，不要做与典礼无关的事情。不要随地吐痰，不要乱扔杂物，要保持会场的清洁卫生。开学典礼结束时，应等主席台上的领导、来宾退席后再退场。

参加毕业典礼时应该如何做

　　毕业典礼是学校为毕业生举行的隆重的毕业庆典仪式，是学校对学生进行毕业教育的最后环节。通过毕业典礼，毕业生可以牢记学校老师的希望和嘱托，信心百倍地投入到新的学习生活中去。

毕业典礼是学生在校期间参加的最后一次学校性集会，因此要认真对待，积极参加，不要无故缺席。要严格遵守会场纪律，切不可因为即将离开学校就随随便便，无所顾忌，破坏良好的会场秩序。在校领导、教师以及学生代表发言时，在毕业生代表接过校领导授予的毕业证书、荣誉证书时，在毕业生先进个人、先进集体代表登台领奖时，都要适时地鼓掌表示欢迎和祝贺。毕业典礼结束时，要等主席台成员退席后再退场。

在行路上应该如何做

一个人上学读书，上班工作，外出办事，上街购物，散步消遣都离不开行路。行路中也要遵循应有的礼仪规范，讲究文明礼貌。

1.在路上遇到熟人，要主动打招呼互致问候，不能视而不见。如遇到久别的朋友，寒暄之后想多作交谈，应引至路边，

不要站在道路当中或人多拥挤的地方，不能妨碍人们的行走或车辆的通行。

2. 在问路时，要注意语言和行为的礼貌。首先要用礼貌的语言打招呼，如"劳驾""请问"等，然后根据年龄特点选择称呼，如"老大爷""阿姨""叔叔""小朋友"等。发问要用请求语气，发问后无论对方能否为你指路，均要诚恳致谢。有人向自己问路时，无论本地人或外地人，都要热情指点。如确实不知可请其转问他人，并表示歉意，不可以告诉一个错误的地方。

3. 在路上要注意维护环境卫生，不随地吐痰，不乱扔果皮等杂物。

4. 城市街道人来人往，车水马龙，因此在行走中一定要注意安全礼让，过马路一定要走人行横道，避免来往车辆，不能低头猛跑。在人多拥挤的地方要循序而行，不挤不抢。雨雪等恶劣天气，尤需注意安全。对意外跌倒碰伤的行人要尽力相助。骑自行车要严格遵守有关交通规则，注意信号灯，服从交通警察的指挥，特别注意礼让机动车和行人，以保证安全。

5.在行路途中要自觉遵守社会公德，也要维护社会公德，敢于和违法行为作斗争。在街上遇到别人发生矛盾，不要围观起哄、添火加油。

在商店购物应该如何做

　　在商场购物，首先要做到先来后到，要自觉排好队。轮到自己买商品时，对售货员要尊重，称呼"小姐""先生""同志"，不可"哎、哎"地乱叫。付款领货后，要道一声"谢谢"。购物前，最好先多看看，稍微考虑一下，打定主意再请售货员拿货，不可不停地挑选，以免影响其他顾客购物。

　　在挑选易碎、易损、易污品时，要格外小心谨慎，注意轻拿轻放。万一由于不小心弄坏了物品，应主动提出赔偿损失，或者把弄脏弄坏的东西买下来。

购物者如果到超级市场或自选商场去买东西，在选购商品时要注意贴在商品上的物价标签，大致估计带的钱是否能够支付所买的东西。否则，在交款时拿不出钱是很尴尬的。购物完毕后，要对收款人说"谢谢"，感谢他的服务。

购买好物品后，如发现质量问题，可以退换，售货员给你退换了，应表示感谢。如果售货员不给退换，不要与其争吵，应好好分析物品的质量问题，求得售货员的理解。经过分析，物品确属不能退换的，比如内衣，一些食品、药品等，就不要退换。假如跟售货员争吵不休，非退换不可，就是失礼了。应退换而不给退换的，也不要吵架，应找其领导协商解决。

在图书馆里应该如何做

学校和公共图书馆的综合阅览室里，读者较多，早来的人不应该给晚来的人占座位。如果人少，也不能利用空座椅躺下休息，那样有失文雅。图书馆的阅览室、资料室，一般都订有阅览规则，以保证大家有秩序地查阅。在这里看书或者查找资料要遵守阅览室规则，保持室内安静，不要在这里大声喧哗，也不要与熟人闲聊，带手机的应

把声音关掉，以免影响他人学习。

在图书馆要学习一天，又自备了午餐的，可到休息室去吃，不要在阅览室里吃。这样，一来有利于维护学习气氛，二来对其他读者也显得有礼貌。

借书要遵循借书程序，如期归还。图书是知识的载体、历史的档案，所以爱护图书十分重要。对图书馆的书千万不要折角，不要在书上画标记，更要禁止把自己需要的资料、图片撕下来或"开天窗"。图书馆的书是为大家服务的，毁坏图书是卑劣行为，将受到批评和严肃处理。如需要资料，可与工作人员接洽，到复印部门去复印。

在影剧院应该如何做

　　影剧院是人们娱乐休息的场所，在这种场所，更能看出一个人的文明程度。

　　到影剧院看戏或看电影，应提前到场入座。如若迟到，应在幕间入场。如在电影开场后到场则应随服务员悄悄入座。穿过座位时姿势要低，脚步要轻，不要影响他人观看，对起身

为你让座的同排观众要致谢。要自觉遵守场内规定，不吃有声响的食物，不随地吐痰，不乱扔果皮纸屑。

节目演出、影片放映当中，要保持安静，不要大声谈笑、随声哼唱、以手击拍或大声评论。遇咳嗽、打喷嚏时，要压低声音，用手帕捂住口鼻，以防止唾沫飞溅他人身上。青年朋友到影剧院，举止要端庄，不要窃窃私语，影响他人。

应尊重演员的艺术劳动。每个节目演完，应鼓掌致谢。演员表演出现失误，要给予谅解，不应喝倒彩、起哄、吹口哨或做出其他有辱演员人格的举动。电影中途断片，亦应耐心等待，不要随意走动、喧闹起哄。

演出或影片放映中，不应随便退场，不得已退场时，离座动作要轻、身姿放低，不要站在过道或剧场门口。散场前提前退场是对演员的不尊重，也会影响其他观众的观赏和情绪，是不礼貌的行为。

在餐厅应该如何做

我们应该在平时养成良好的就餐习惯，做到吃有"吃相"。学会尊重别人、塑造形象等。

具体来说，在餐厅用餐的时候应该注意以下方面。

1. 就餐之前，到洗手间里洗手，把口香糖吐到垃圾箱里。

2. 就餐时，不要用口去接食物。不要从大块食物上咬一口，再将剩下的部分放回去，更不能从桌子上把盘子端起来，往自

己碗里添加食物。

3.在喝果汁等饮料时，应先用餐巾抹嘴，不要把食物渣子留在玻璃器皿上。然后再慢慢喝，不要一口气都喝下去了。

4.用餐时，如食物较烫，不能对着食物吹气，这在餐厅这样的公共场合是失礼的。

5.在就餐的时候，坐姿必须端正，两腿平放在地板上，背部挺直，不要跷着二郎腿。入座后把双手放在膝盖上。不要懒散地坐在椅子上或者把椅子靠得往后倾斜成只有两条腿支撑，更不要盘腿。

6.正确使用筷子。用餐时，筷子不要在菜上乱挥动，不要用筷子穿菜吃，不要将筷子含在口中，不要用筷子去搅菜，不要把筷子当作牙签，不要用筷子敲击桌碗，不要用筷子指点他人。喝汤时，应把筷子放下，不要一手拿筷子一边喝汤。

怎样开发智力

　　人的智力是可以被无限开发的，即使爱因斯坦也只开发了大脑智力的10%。所以，我们只要科学地开发智力，都可能成为科学家。

　　第一，要增强抽象思维能力，这是科学和文学研究的基本功。

　　第二，加强语言能力和计算能力。

　　第三，学会做笔记。这有助于加强理解，提高注意力和记忆力。

　　第四，提高解决问题的能力。有了问题，不要等着老师或家长去解决，而应该在他们的引导下，自己去识别、判断，从而正确地解决问题。

第五，丰富自己的业余生活，参加社会文化活动。

第六，选择自己感兴趣的方向。

开发大脑智力的运动方法主要有：伸懒腰、跳绳、倒立、刺激手掌、摩擦脚心、头部按摩、旋转运动等。

怎样提高观察力

    观察力是智力活动的源泉，人的智力活动是从观察开始的。观察力是我们学习进步的保障，不管学好哪门学科都需要有超常的观察力。提高观察力须具备：第一，丰富的知识经验；第二，良好的心理素质；第三，明确的观察方向；第四，培养

间接兴趣；第五，克服内外干扰，集中精力；第六，变换学习活动，把看、读、写结合起来，交替进行。

观察方法主要有八种：全面观察、重点观察、解剖观察、对比观察、重复观察、长期观察、有序观察和多方观察。

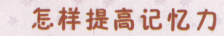

怎样提高记忆力

　　人的记忆有五个特征：第一，初段的记忆力较强；第二，后段的记忆力较强；第三，有联系的事情较易记忆；第四，突出的事物较易记忆；第五，经常温习，记忆力较强。

　　我们可以根据这五个特征来提高记忆力，同时还要有提

高记忆力的信心和丰富的知识。提高记忆力的方法有：联想记忆法、理解记忆法、选择记忆法、歌诀记忆法、音乐记忆法、谐音记忆法、强化记忆法、概括记忆法、复习记忆法、幽默记忆法、比较记忆法、系统记忆法、规律记忆法、切割记忆法、头尾记忆法、间隔交替记忆法、图形记忆法、提纲记忆法、列表记忆法、核心记忆法、争论记忆法、网络记忆法、字头记忆法、自我测试记忆法等。

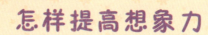

怎样提高想象力

　　想象力是创造的源泉，拥有丰富的想象力是社会发展对我们青少年的要求。提高想象力主要有八个要点。

　　1. 学会模仿。许多有成就的人都是模仿大师的长处而得到启发，然后再在前人的基础上加以创新，走出自己的路子来。从模仿到创造，这就是想象力发展的结果。

2.不断储备新知识。想象不是凭空产生的，知识是想象力的基础。

3.提高文学艺术修养。几乎所有的心理学家都非常强调文学艺术修养对培养和提高想象力的重要性。

4.善于观察。观察越细，感受越深，想象力就会驰骋起来。

5.培养多种兴趣。广泛的兴趣和多方面的爱好可以使你思路开阔，想象也就有了广阔的天地。

6.丰富的表象储备。一个人的想象水平，是以一个人所具有的表象数量和质量为依据的，只有表象丰富，想象才会开阔、深刻，形象也会更加生动逼真。

7.闭目尽情想象。闲来无事，在安静的环境中闭目想象，这对锻炼想象力也有很大帮助。

8.倾注自己的感情。人的许多情绪和情感是想象活动的直接动力。

开发想象力的具体方法有：泛想法、猜想法、幻想法、联想法等。

怎样开发创造力

　　创造可以满足人类的一切需要。人们想上天，于是发明了飞机；想下海，于是发明了潜水艇；想变成"千里眼"，于是发明了望远镜；想成为"顺风耳"，于是发明了电话……没有创造，社会就会停滞不前，所以我们要培养创造意识，开发创造力。

　　第一，要进入创造角色。创造心境是进入创造角色的一种自我体验，是把自己想象成创造者的心理。

　　第二，把握创造的时空观念。创造者常常弄不清自己所处的空间，爱因斯坦在光线上生活，随着相对论远驰星空；伽利略乘坐地球这颗行星，游荡于茫茫太空；吴承恩则上天入地，无所不能。

　　第三，强化创造动机。创造动机是创造发明活动的内在动力，只有不断地强化它，才能使个体不断地思考和奋进。

第四，敢于突破常规，独辟蹊径。

第五，收集、整理素材，挖掘创造潜力。

第六，注意想象力的培养。想象力是创造力各要素中最需要的能力。

第七，学会正确思维。包括抽象概括思维、非逻辑思维联想、变换思考顺序和逆向边缘思考。

怎样提高注意力

当我们欣赏美丽的孔雀时，我们要注意看；当我们欣赏美妙的音乐时，我们要注意听；当我们上课听讲时，更应该集中精力注意听。但是，有时候，我们总是为难以集中注意力而烦恼。如何才能提高注意力呢？

1.保证身体健康。健康的身体是集中注意力的首要条件。身体健康主要体现在提供足量的脑营养、充足的睡眠和应付疲劳三方面。

2.明确目的，增强责任感。充分认识自己做某件事的意义和目的，是调动自己注意力和取得成功的重要条件。

3.对自己有信心。

4.给自己规定期限与任务。

5.由简到繁，循序渐进。要提高注意力，不能急于一时，要从简单的任务开始，增强信心，一步步走向成功。

提高注意力的方法主要有：明确任务法、兴趣法、自我调节法、减少干扰法、交替学习法、劳逸结合法、故事法、竞赛法、游戏法等。

怎样在饮食方面提高智力

人体对营养素的需要是多方面的，任何一种食物，都不能包含人体所需要的全部营养素，所以只有保证饮食的多样化才能确保身体所需要的营养供应均衡。如果长期偏食、挑食，

单吃一种或少数几种食物，就会造成体内某种营养素的缺乏，而不能保持身体健康。所以，我们不仅需要脂肪和蛋白质，还需要各种维生素、糖类以及无机盐等多种营养成分。那么吃什么能补充这些营养呢？蔬菜中含有各种维生素、矿物质，米、面中含有淀粉，肉、蛋、奶中含有蛋白质和脂肪。

多吃蛋黄及含维生素B的食物。含维生素B的食物主要有花生米、黄豆、香蕉、瘦牛肉、牛肝、猪肝、猪心、小米、白菜等。

酸性食物是对智力发展有害的食物，它会破坏人体功能。过多地食用酸性食物还会溶解身体中的钙质，对身体的发育不利。

生姜和香菜很容易损害智力，吃多了还会影响记忆力。而对智力危害最大的莫过于烟酒，所以，我们一定不能吸烟、酗酒。

怎样让大脑休息

人人都有两个宝：双手和大脑。我们的大脑，时刻都在活动，即使在我们睡觉的时候，大脑也在不停地工作，管理着我们的身体活动。也许你会问："我们的大脑会不会累坏了啊？"不用担心，我们的大脑只要不是长时间高速运转，是不会出现问题的。

换句话说，一个人的大脑只要没有先天性的病理缺陷，他就可以成为天才。只要大脑的潜能得到超出一般的合理开发，他

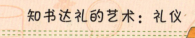

的能力就不会比爱因斯坦逊色。

但是，大脑潜能的开发要一步一步地进行，如果揠苗助长，结果只能是用脑过度，造成大脑长期疲劳，甚至发生悲剧。

紧张地学习一段时间后，就要休息一下，先深深地伸个懒腰，排出肺部淤积的二氧化碳，再做一些简单的体操，然后继续集中精力学习。

取得好成绩之后怎么办

在学习的道路上，我们都在为取得好成绩而努力着。当我们在某个阶段取得了好成绩之后，我们除了喜悦，还应该怎么做呢？

首先，要明白"谦虚使人进步，骄傲使人落后"的道理。

谦虚的人能学到更多东西。骄傲自大的不良习惯，最终会影响个人的发展，甚至使我们失去同学，脱离集体，丧失目标，成为一个自私自利的人。一个人如果谦虚就会永远不知足，就会不断学习新知识、新事物，学习别人的长处和先进经验，使自己不断进步。而一些人骄傲自满，故步自封，由于不具备谦虚的品质，就不会懂得尊重他人，一味地自以为是，盛气凌人，不会团结他人，最终导致失败。"谦虚使人进步，骄傲使人落后"，只有明白了这个道理，才有利于我们今后的进步和成才。

其次，我们要肯定自己的成绩，总结成功路上的经验和不足，为下次取得更好的成绩而努力。

哭和笑有利健康吗

把微笑写在脸上，让自己拥有一份快乐的心情。

"有时候很烦，怎么也笑不出来。"是的，有时候烦恼的确让我们不知所措，但是为何不换个角度想想呢？说不定烦恼可以帮你进步。

当你不高兴的时候，并不一定要写在脸上，你可以找父母、同学或者亲近的朋友聊天，谈一些高兴的话题或者做一些自己喜欢的事情，慢慢地，你的心情就会好起来。

把微笑写在脸上，不仅可以使自己保持一份愉悦的心情，还会感染他人。可能你已经注意到，喜欢微笑的人，他的朋友总是很多，他周

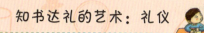

围的人都会因为他的微笑而暂时忘记烦恼。

人们常说，笑比哭好。笑确实对健康有益，其实哭对健康也是十分有益的。我们可能有这样的体会和感受：当受了委屈，或者悲痛欲绝的时候，只要痛痛快快地哭一场，就会感到轻松了很多。

哭使人健康，时常哭哭可以增强泪腺，同时毒素也可以通过眼泪排出。谁也不能保证不会紧张和激动，感情强烈冲动时，血液涌向心脏，血压猛然上升，会有一种心脏快要胀破的感觉，这种情况医学上叫痉挛。这时就需要通过哭来进行放松。

怎样赞赏别人

　　莎士比亚曾经说过这样一句话："赞美是照在人心灵上的阳光。没有阳光，我们就不能生长。"在人与人的交往中，适当地赞美对方，会营造和谐、温暖的气氛。

　　赞美也是一种艺术，需要讲场合、分寸和技巧。赞美必须

是真诚的，不能言过其实，否则就成了阿谀奉承。现在人们都喜欢在公开场合称赞别人，这就更需要真诚了，否则很容易引起对方的误解和反感。赞美别人的优点时，要尽量具体，比如"你真好"就远不如"你待人真热情"深入人心。

除了语言上的赞美，还有行为上的赞美。用你的一个眼神、一个手势或者一个姿势，就可以表示对别人的赞美。尤其是相交多年的好朋友之间，有时候语言上的赞美会显得很多余，远比不上一个手势或一个眼神的作用。

怎样才能磨砺意志

　　大家都知道，在现实生活中，意志力是非常重要的，那你知道怎样磨炼我们自己的意志吗？大体上，意志力的磨炼需要注意以下几点。

1.明确学习目的，树立崇高的理想。只有目标明确，才能引导人奋勇向前，百折不挠。

2.分析自己的性格类型，采取不同的锻炼方法。如果你是一个执拗、顽固的人，就要培养你行为的目的性和原则性；如果你是一个胆小犹豫的人，就应该培养你勇敢和果断的品质；如果你是一个任性、不自制的人，你就应该提高自己控制和掌握自身行为的能力；如果你是一个缺乏毅力的人，就应该培养坚持不懈的品质……

3.勇于与困难作斗争。意志是在克服困难时表现出来的，是在克服困难的过程中形成的。常常为自己提供困难的环境，将自己置身于困难面前，并且用顽强的毅力和必胜的信心去克服所面临的困难。你克服的困难越多，意志就越坚定，当遇到其他困难、坎坷时，就不会有畏难情绪了。

4.养成遵守纪律的好习惯，加强意志力的自我磨炼。人的意志品质的形成，常受到周围人的影响，同时和自我修养也有直接关系。养成良好的习惯，能使人戒除不良嗜好。常常自

我反省、自我检讨是人的意志品质形成的重要条件。要经常用名言、格言检查自己、激励自己；注意同优秀的同学进行比较，明确差距，奋起直追；在生活中严格要求自己。

怎样培养毅力

　　做事情要抱着一颗坚定的心，坚持到底，这才有成功的希望，半途而废是成功的大忌。

　　在做事情的过程中，很多人一时失意，受到了挫折，或者失去了一些珍贵的东西，于是就心灰意冷说放弃。有的人还

会怨天尤人，认为这个世界不公平，却很少有人想过是否要给自己打造一颗坚强不屈的心。如果一个人连一颗敢于面对重重险阻和困难的心都没有，那么，还有谁会赋予他成功的希望呢？

认真想一想，你会发现，做事情要坚持到底绝不仅仅是某些工作的特殊需要，它是所有事情成功的基本条件，也是成功者的重要品质和基本态度。每个人从小到大，无论是学习、

工作，还是日常生活，都要完成各种大大小小的事情。如果做事常常中途就停止了，事情是不会做好的。

你是不是经常听到父母或老师抱怨："这孩子并不比别的孩子笨，就是没耐心，做事有头无尾，干什么都是三分钟热度。"那么，为什么会出现这样的评价呢？做事情有始无终，往往有以下几方面的原因：第一种是遇到更有意思的事，注意力便转移了，而把原来在做的事情丢下不管；第二种是碰到棘手的问题，不愿面对挫折和克服困难，没有耐心坚持下去；第三种是由于缺乏动力，认识不到所做事情的意义和价值，抱着无所谓的态度，自然会有头无尾或虎头蛇尾了。

有坚强不屈的心，才不会轻易动摇，才能坚持把事情做到底。而没有毅力的人，做自己不喜欢的事，或是遇到一点点困难，就会很轻易地选择放弃。

那么，现在就开始培养自己的毅力，养成坚持到底的习惯吧。不管别人怎么说怎么做，一定要坚持做完功课再出去

玩。也许刚开始的时候很难做到，但是只要坚持，你就会发现，自己开始变得越来越有毅力了。培养毅力可以从以下几个方面入手：

1. 不忽略小事，从点滴做起。每天我们都有很多事情要做，先完成最基本的事情。例如，认真做完每一项作业，无论是课堂上的或者是课下的，包括实践活动的作业；认真完成为班集体或为同学做的每一件事情。

2. 制订具体的目标。做完一件事情通常是指达到了我们的预期目标。如果目标不明确，或者与我们的知识水平相差很远，那么，这类目标就难以完成，也就不可能做到有头有尾。

3. 无论结果如何，坚持到底。有些事情开始时常常比较顺利，做得很好，但后来遇到困难了，可能很难达到你预期的效果。在这种情况下，千万不可轻易放弃，半途而废。一方面，因为你的坚持，也许能够使事情朝好的方向发展；另一方面，即使结果仍不理想，努力把这件事情做完就是你的成功。

4.学会自我监督和自我激励。做事情要持之以恒，真正的约束来自自身。确定目标和计划之后，在完成任务的过程中，我们要不断自我检查、自我监督。这样，对于做得不够好的地方，及时请父母、老师给予帮助，积极进行调整和完善；对于做得好的地方要给予肯定，也可以给自己一些小小的奖赏。

怎样培养节俭的习惯

　　调查发现，在一些中小学学校里，浪费粮食的现象非常严重，每天都能看到从学校里推出一车又一车的剩饭剩菜，有些菜只吃了几口就被倒掉了。

储钱罐

不仅是浪费粮食，还有一些消费现象也令人担忧。有些同学一味追求时兴的文具，流行"流氓兔"，就一定要有"流氓兔"图案的书包；流行《流星花园》，就非要有F4图像的书包、文具盒，总之是流行什么就要买什么。因为社会上流行的东西更新很快，所以往往新的文具还没用几天，就被无情地抛弃了，造成很大的浪费。

难道说，我们现在的生活好了，就可以丢掉勤俭节约的美德吗？当然不是！我们依然要养成勤俭节约的习惯。在我们国家，还有很多贫困地区的孩子上不起学，许多失业家庭的生活尚待改善，许多受灾地区的人们吃不饱穿不暖，所以我们应该继承勤俭节约的传统美德，养成勤俭节约的习惯。

钱要花得有意义，要真正做到物有所值。现在怎样花钱，也会影响到将来理财的习惯。如果能够养成勤俭节约的习惯，就意味着我们有了控制自己欲望的能力，也意味着我们已经形成独立自主的意识。

　　我们作为社会成员的一部分，应该牢记历史的使命，发扬中华民族艰苦朴素的优良传统。

　　从今天开始，培养勤俭节约的习惯，做一名优秀的学生吧。

　　1.吃得要实在。俗话说：要吃还是家常饭，要穿还是粗布衣。家常饭虽然只是粗茶淡饭，但父母为了让我们健康

成长，都是很注意调配各种营养的。我们不要根据自己的口味挑食、偏食，一日三餐要以吃好、吃饱为原则。也不要在饭前饭后吃方便面、面包、蛋糕等零食。餐桌上要保持卫生，不要让饭菜洒在桌面上，能吃多少吃多少，不要出现剩菜剩饭的现象。

2. 穿着要朴素。穿着朴素并不是要坚持过去的"新三年，旧三年，缝缝补补又三年"的艰苦生活，而是要大众化，不追求时髦，即使家里相当富有，也要穿得朴素一些，只要不冻着就可以。我们都是学生，没有贵族和平民之分。心态和行动都要平衡在同一起跑线上，这对我们的成长十分有利。

3. 珍惜学习用品。珍惜学习用品，就是不要因为写错一两个字就撕掉一张纸，不要老是弄断铅笔芯，不要买只能做摆设的学习用品。

4. 给自己准备一个储钱罐。"以俭养德"的许多事例告诉我们：要成为一个有志向、有追求、有出息的人，勤俭节约、

艰苦朴素的生活作风是不可缺少的。我们可以给自己准备一个储钱罐，把自己的零花钱放在里面，积少成多，也许在我们急需的时候这些钱会发挥更大的作用。

怎样改掉懒散的毛病

懒惰成性的学生，在学习办事时缺乏热情和主动精神，推一推，动一动。上课时无精打采，老师不催着写作业就不写，不提醒记笔记就不记。还有一种学生，在老师面前积极勤快，其实只是拿着笔随便画，老师一走远，他立即把书和本子放到一边。

如果你也是这样的学生，一定要下决心改掉懒散的毛病。你可以按照下面的方法来调整。

1. 明确自身价值，增强对国家和集体的责任感。要勇于付出，不要过分爱惜自己。

2. 坚持参加体育锻炼。

3. 点亮心中理想的明灯，激发自己为理想而奋斗的精神。

4. 坚持自己的事情自己做，相信别人能做的自己也能做到。

怎样学会自立

　　不少杰出的人，有的是幼年失去父亲或母亲，有的是家境贫穷，有的是从小远离家乡，没有父母的照顾。这就说明在成才过程中，要学会自立。如果自己不能照顾自己，不能独立完

成一件事，那怎么谈得上成才呢？

要学会自立，首先要培养独立生活的能力。学会做家务，学会管理自己的生活，这是最基本的。

其次，要养成独立学习、独立思考的习惯。在学习中不能过多地依赖别人。

最后，要有主见。要敢想、敢说、敢做，勇于发表不同的见解，不要人云亦云。缺乏主见，不会突破现有的条条框框，是不可能有创造发明的。

怎样培养责任心

　　当爸爸或妈妈夸你懂事的时候，你一定很高兴吧？是啊，有些事情我们自己能做，就不需要爸爸妈妈帮忙。

　　从现在开始，培养自己的责任心，不再完全依赖父母，不管是在学习上还是生活上，遇到困难的时候，不能再让父母替代我们或者帮助我们去完成。自己的衣服要自己洗，父母工作忙的时候，要学会自己做饭。

　　生活中的点点滴滴，都可以把它当成锻炼自立能力的机会。只有这样，你才可以更好地掌握自立的本领，将来外出求学或者走上社会，就能自己照顾自己，完成社会交给自己的任务。

怎样防治神经衰弱

　　神经衰弱是一种最常见的神经症，是青少年中最常见的轻型心理疾病，但对青少年的身心健康危害较大。神经衰弱的常见症状为脑功能衰弱，容易疲乏，记忆力衰退，注意力难以集中，容易兴奋和激动；睡眠障碍，难以入睡，白天思睡，学习效率下降；还有心悸、心慌、气短、胸闷、消化不良等。

　　神经衰弱患者会感到学习和工作负担过重，心情紧张，情绪压抑，睡眠不足，处于心理矛盾的状态。神经衰弱虽然不是大病，但确实有害于身心，所以要认真对待，积极防治。

　　首先要慎重地诊断确定，注意将神经衰弱与抑郁症及其他心理疾病分开。可以采取以心理治疗为主、药物治疗为辅的综合治疗法。再者，要纠正心理缺陷，正确对待和处理精神压力，学会科学用脑，注意劳逸结合，纠正不良生活方式和习惯，培养良好的情绪。此外，还要多进行适宜的体育锻炼，正确处理学习和人际交往中的各种矛盾。

怎样科学上网

　　网络是一个复杂的事物，它不仅有对我们非常有用的信息，同时也充斥着各种反动、暴力和色情的信息。对于缺乏鉴别能力和充满好奇心的我们来说，网络对于我们的吸引力远远

大于我们的自制能力，我们的目光常常会被那些毒害我们身心健康的垃圾信息吸引，久而久之就会陷入其中，不能自拔，甚至还会发展到伤害别人的地步。

那么，怎样充分利用网络的有用资源，预防上网成瘾呢？

1. 上网应多浏览一些有价值的网页，不要出于好奇心去浏览不健康的网站。

2. 要正确看待生活或学习中遇到的挫折。在受到挫折的时候，我们要学会自己调节心情，以健康的方式应对情绪波动，而不是进入一个虚拟的空间以逃避现实，获得虚无的成就感和荣誉感。

3. 要增强心理防范意识，提高心理免疫力。上网前要先定目标，限定上网时间。

4. 要明确这个阶段自己的主要任务是学习。如果学习成绩下滑，要认真寻找原因，多找成绩好的同学交流学习经验，不要只靠在网络中寻求平衡。

5. 要善于发现生活中的美，享受父母的爱。不要总觉得自己的父母没有别人的好，自己的生活不如别人，要珍惜自己所拥有的一切。

6. 多与现实中的人交往。我们的成长离不开与同龄人的密切交往，离不开深刻的生活体验。生活在伙伴的友情之中，是避免网络诱惑最重要的保障。

7. 当发现自己已经对网络形成了心理依赖时，我们应该积极向心理医生寻求帮助。